爱迪生

牛顿编辑团队　编绘

U0839140

河南科学技术出版社
· 郑州 ·

图书在版编目（CIP）数据

爱迪生 / 牛顿编辑团队编绘 . — 郑州 : 河南科学技术出版社 , 2020.6
（给我的孩子讲世界名人）
ISBN 978-7-5349-9983-3

Ⅰ . ①爱… Ⅱ . ①牛… Ⅲ . ①爱迪生 (Edison, Thomas Alva 1847-1931) —传记—少儿读物 Ⅳ . ① K837.126.1-49

中国版本图书馆 CIP 数据核字 (2020) 第 084848 号

出版发行：河南科学技术出版社
地址：郑州市郑东新区祥盛街 27 号　邮编：450016
电话：(0371) 65788890　65788630
网址：www.hnstp.cn
策划编辑：孙　珺
责任编辑：孙　珺
营销编辑：封路路
责任校对：张雪雪
责任印制：朱　飞
装帧设计：徐胜男　张　萍
监　　制：王兆阳
印　　刷：河南瑞之光印刷股份有限公司
经　　销：全国新华书店
开　　本：787 mm × 1 092 mm　1/16　印张 : 2　字数 : 50 千字
版　　次：2020 年 6 月第 1 版　2020 年 6 月第 1 次印刷
定　　价：16.00 元

1847 年 2 月 11 日，爱迪生出生于美国东北部俄亥俄州一个叫米兰的小镇。米兰镇位于伊利湖畔，林产丰富，同时又在连接五大湖与休伦河的运河河畔，因此成为木材与谷物的集散港，运河上轮船熙来攘往，十分繁荣。

爱迪生的父亲经营着一家木材加工厂，经常在运河边指挥工人搬运木材。

“爸爸，为什么船不会沉下水去？他们要用这些木材做什么呀？”跟着爸爸在运河边玩的爱迪生总是有问不完的问题。

看到妈妈在阳光下晾晒床单，爱迪生说：“妈妈，太阳会不会从天上掉下来呢？”他的脑袋里时不时冒出各种稀奇古怪的念头，大人们也经常被他的问题给问住。

有一次，爱迪生兴奋地飞奔回家："妈妈！母鸭为什么坐在蛋上呢？"

"母鸭是在孵蛋，这样才能生出小鸭来呀！"

"孵蛋？生小鸭？"爱迪生若有所思地默默走开了。

晚上开饭时，却不见爱迪生的人影，家人四处寻找爱迪生，最后在鸭舍发现了昏昏欲睡的爱迪生，"艾尔，艾尔，你在做什么？"

"我在孵小鸭呀！"爱迪生睡眼惺忪地回答。

大家都哈哈大笑起来，取笑爱迪生的可笑行径。唯独妈妈觉得他和别的孩子不同，将来一定会大有作为。

有一次，爱迪生在仓库时，不小心把仓库点着了。气急败坏的父亲拎起他就是一顿猛揍：“看你以后还敢不敢乱点火！”

“我只是想看看火烧起来会怎样！”

大家都说没见过这么调皮的孩子。议论纷纷：

“这孩子的脑子大概有问题。”

“是呀！可怜的爱迪生先生！竟然生出这样的低能儿。”

…………

听到这样的话，爱迪生的母亲十分难过。

“唉，怎么会这样？艾尔的出生曾经带给我们多大的快乐……”

1854年，美国东北部的湖滨铁路通车，运河河畔的米兰镇随之没落，爱迪生父亲的生意没法维持下去了，举家迁往密歇根州的休伦港。爱迪生的新家坐落在山坡上，风景十分优美。

第二年，八岁的爱迪生进入恩格尔牧师创办的学校就读。恩格尔牧师保守而严厉，上课循规蹈矩。爱迪生对这样的课堂不感兴趣，再加上爱迪生有刨根问底的天性，经常问一些奇怪的问题：“老师，为什么火车会跑呢？”“老师，为什么会下雨呀？”

“你这是什么上课态度？像你这种笨蛋，根本不配上学！”恩格尔对爱迪生的问题无法回答，恼羞成怒。第二天，爱迪生的母亲便被叫到了学校。

“爱迪生太太，你什么都不必说了，这种低能儿是不配来上学的！”

“爱迪生绝不是低能儿，你这平庸的老师才不配教他呢！”爱迪生母亲愤怒地说。

就这样，爱迪生离开了学校。他一生中所受的正规教育，仅仅三个月。

离开学校后，爱迪生的母亲便独自担负起教育爱迪生的责任。在母亲的指导下，爱迪生发挥出了惊人的学习能力，他对自然科学的兴趣特别浓厚，还把地下室改成实验室，开始动手做各种实验。

即便在火车上卖报纸，爱迪生也不忘争取机会在火车上做实验，爱迪生也同样因为实验事故，关闭了火车上的实验室。更加不幸的是，在一次火车事故中，爱迪生的耳朵受到了极大的伤害，严重的重听终身困扰着爱迪生。

身体的残障并没有让爱迪生丧失探索的信心，他在逆境中仍坚持不懈地做实验。1861 年，美国南北战争爆发，报纸销量飙升，爱迪生主编发行了《先驱报》，专供火车上发行，但几个月后就停刊了。

在一次意外中，爱迪生救下了火车站站长的儿子，站长决定教爱迪生电报技术，爱迪生的电报技术突飞猛进，并成为一名电报技师。

爱迪生始终热爱读书和科学实验。在波士顿西方联合电报公司任职时，他白天工作，晚上则努力读书，一天只睡四小时。一个深夜，同事睡一觉起来发现爱迪生还在工作："爱迪生，你不睡一下吗？"爱迪生说："人生苦短啊，我得加紧努力才行！"

1868 年，爱迪生看到国会议员表决如此冗杂繁复，内心感叹：这实在太浪费时间了！我要试着设计一种表决的新方法。经过努力，爱迪生发明了投票记录仪，这是爱迪生第一项取得专利权的发明。

取得新发明专利权的爱迪生兴冲冲来到华盛顿面见议长。议长说：“虽然投票记录仪方便，但却让少数人失去了表达的机会，并不太实用。”爱迪生暗下决心：从今以后，我一定要发明实用的东西！

1870 年，经过一番努力，爱迪生发明了普用印刷机，他带着新发明去见西方联合公司的总裁，对方告诉他：“我决定买下这个发明，你开个价吧！”

爱迪生心想：“五千？是不是太贵了？嗯，那就报价三千吧……”

还没来得及开口，对方就说：“四万，你看怎样？”

“四万？”爱迪生惊讶得目瞪口呆。原本一文不名的爱迪生因这项发明而名利双收。

1870年冬季，爱迪生在纽瓦克市建立了一座工厂，专门设计并制造各种电气设备。

虽然爱迪生雇用了很多工人，但他自己仍然废寝忘食地工作。在他的辛勤经营下，工厂的订单如雪片般飞来。

就在爱迪生的事业蒸蒸日上时，传来了母亲病危的噩耗。爱迪生赶回休伦港时，母亲已经去世了。痛失慈母的爱迪生，只能用夜以继日的工作来淡化哀伤。

在纽瓦克的 7 年，爱迪生硕果累累，他完成了 122 种发明，并都取得了专利权。专利局的人都不禁感到惊讶。“看，爱迪生又来了！”“唉，我们门口的石阶都快被他踏平了。”从丧母之痛中恢复过来的爱迪生热烈追求助理玛丽，并迅速结婚了。

1876 年，爱迪生在门罗公园设立实验室，这是世界上第一座工业研究实验室。在这里，爱迪生完成了许多项贡献斐然的发明。

受电报线可以传送金属声音的启发，爱迪生坚信人的声音也可以传送。于是，爱迪生开始着手研究。重听的他为了辨识声音的微小变化，就用牙齿感受声音的震动。

此时，同事传来消息：“贝尔已经取得电话发明的专利权了！”但爱迪生得知那个电话的传音效果不太好，有待改进。于是，爱迪生投入全部心力，改良电话机结构音质等。

1878 年，爱迪生进行了通话试验并大获成功。虽然贝尔早一步发明了电话，但爱迪生却是将电话实用化的最大功臣。在此期间，爱迪生还发明了留声机。他赢得了世人的喝彩，被誉为“门罗公园的魔术师”。

在一次旅行中，爱迪生受到好友“弧光灯”的启发。旅行归来，爱迪生立即开始收集资料，全身心投入电力照明的研究，他想要发明一种小而安全的电灯，供家庭使用。

消息传开后，立刻传来各界权威人士反对的声音：“就电学原理来说，这是不可能的。”“哼！爱迪生那家伙简直是痴人说梦！”

面对外界的批评与攻击，爱迪生并不气馁，依然秉承信念，朝着未知领域前进。

经过一段时间的试验，爱迪生终于想到完全真空的灯泡也许会让灯亮起来，但灯只亮了几分钟，灯丝就被烧断了，最关键的问题是找到耐高温的灯丝。爱迪生和助手们不眠不休地尝试各种灯丝材料，但依然没能找到适合的。

“已经尝试了一千多种材料，却还没结果。”麦肯齐沮丧地说。

“至少我们已经知道这一千多种材料不能用啦！”爱迪生满怀信心地回答。

有一天晚上，爱迪生一边阅读实验报告，一边用铅笔刮着煤油灯罩，突然他想到碳丝应该可以耐高温，灯丝容易被烧断的问题就此得到解决。

1879 年 10 月 21 日，爱迪生的电灯实验终于成功了，人类文明史掀开了新的一页。爱迪生还设计了发电系统和其他配件，使白炽灯得以普遍应用，纽约还举行了“电灯大游行”。

1884年，爱妻玛丽患病去世，爱迪生遭受到了极大打击，为了忘却这段伤心往事，他离开门罗公园来到西奥兰治并设置了更完备的实验室。

1886 年 2 月，爱迪生再婚。一次，爱迪生与新婚妻子米娜去照相馆拍照时，爱迪生与摄影师迪克逊聊道：“摄影机是不是可以像留声机一样，记录下人们的活动？”迪克逊认为可以，并与爱迪生相谈甚欢。爱迪生决定与迪克逊一起研究电影。在爱迪生的不断改良下，电影逐渐成为最受人们欢迎的大众娱乐项目。

1896 年，爱迪生与亨利·福特见面时，福特说他正在研究自动车。爱迪生想，自动车需要电力，而蓄电池还不耐用，于是他决定研究蓄电池。爱迪生设立了一座化学工厂，专门研究蓄电池。为了这项发明，爱迪生经常没日没夜地工作，同事劝爱迪生不用费这么多心力，爱迪生回答道："不管花费多少时间和金钱，只要成功就值得。"

耗费了10年的时间，历经5万余次实验，爱迪生终于完成了对蓄电池的改良，这掀开了工业史上新的一页。

有人说爱迪生是天才，爱迪生说：“不，所谓天才是百分之一的灵感，加上百分之九十九的汗水。”

1914年的隆冬，爱迪生的工厂突然失火，熊熊的大火很快就失控了，所有人都束手无策，大家都认为爱迪生无法面对一生的研究心血付之一炬的现实。面对熊熊大火，没想到爱迪生却说：

第二天早晨，爱迪生看着实验室的废墟说：“过去多少挫败都没有击倒我，现在这点儿事又算得了什么呢！”

从不服输的爱迪生立即展开复原工作，几周之后，他就再度投入研究发明之中。

爱迪生的各项发明问世后，收获了来自全球各地的赞誉，各种勋章摆满了整个屋子，福特还为爱迪生重建了门罗公园。

1929 年 10 月 21 日，是电灯发明 50 周年纪念日。福特为此举行了盛大的庆祝会，以纪念爱迪生的卓越贡献。美国总统胡佛、居里夫人、莱特兄弟等众多名人前来祝贺。

庆祝活动结束后，爱迪生突感身体不适，年迈的爱迪生就此缠绵病榻。1931 年 10 月 18 日，爱迪生与世长辞，享年 84 岁。

当晚，胡佛总统对全国发表广播讲话：“爱迪生先生虽然去世了，但是他留下的宝贵遗产却使全人类永远受益。全美各地将会熄灯一分钟，向爱迪生致敬。爱迪生像一盏不灭的明灯，永远照耀着世界的每一个角落。”

乐观进取的发明大王

爱迪生有句名言：“天才是百分之一的灵感，加上百分之九十九的汗水。”这句话正是爱迪生在世上度过漫漫一生的真实写照。

爱迪生一生的发明超过1200种。一个人在一生中能够发明这么多东西，而且其中不乏改变整个世界的发明，这实在是不可思议的奇迹。因此，“发明大王”的美名，爱迪生的确是当之无愧的。

但是，爱迪生的成就完全是靠他的天赋和灵感得来的吗？并不是。从12岁起，年少的爱迪生便一边在火车上卖报，一边做各种实验。其后的岁月里，他也一直没有改变这个习惯，经常是一边工作，一边思索着他的发明。据说他每天都要工作18～20小时，有时忙起来，甚至接连好几天都不睡觉。很少有人像他这样勤奋不倦，而且持之以恒——也许就是这个原因，使他得以成就非凡、名垂千秋。

爱迪生一生中，只有8岁那年受过3个月的学校正规教育，之后便因老师说他的头脑有点儿“低能”而无法继续接受教育。但是爱迪生的母亲并不这样认为，她不厌其烦地回答他各式各样的“为什么”。事实证明，爱迪生并不是低能儿，他只是观察事物的角度和别的孩子不太一样，兼之凡事喜欢追根究底、亲身实践而已。所以说，爱迪生能有日后的成就，他的母亲功不可没。假如爱迪生的母亲从他被退学的那一天起，就对他失去了信心，而不加过问，更不去教育他，那么爱迪生的命运也许会有所不同，也许就不会成为伟大的“发明大王”。

如果说对爱迪生一生影响最大的人是他的母亲，那影响他最深的书，就是英国著名物理学家兼化学家法拉第的《电学实验研究》了。这本书用简单易懂的文字代替了深奥艰涩的数学公式，深入浅出地讲解了电磁学，使自学的爱迪生得以消除对数学的恐惧心理，这对他日后的发明事业帮助很大。

爱迪生一生中有许多重要的发明，其中一些对后世影响深远，如电灯、留声机、活动电影摄影机、有声电影等，这些发明历久不衰，至今我们仍在享用他智慧的成果。

像爱迪生这样成功的人，也曾遭受过人们的嘲弄、事业失败的打击。然而，乐观进取的人生态度，使他能一次次从挫败中重新站起来，且愈战愈勇。1914 年 7 月，他辛苦大半生所建立的厂房被大火烧毁，别人都以为他会受不了打击，然而年逾花甲的爱迪生却觉得，这样壮观的大火，没叫米娜来看一看真是可惜。乐观带给人力量，但愿读过本书的每个人都能感受到爱迪生乐观积极的人生态度，成为自己生命中的斗士。

爱迪生大事年表

1847 年■出生。 2 月 11 日，诞生于美国俄亥俄州米兰镇。

1854 年■ 7 岁。 举家迁至密歇根州的休伦港。

1855 年■ 8 岁。 进入恩格尔牧师创办的学校就读，但三个月后被退学。

1861 年■ 14 岁。在火车上发行《先驱报》。在火车车厢内做实验，不慎引发火灾。救了站长儿子，因而得以跟站长学习电报技术。

1864 年■ 17 岁。开始流浪生活，在中西部各地担任报务员。

1868 年■ 21 岁。以报务员的身份来到波士顿，服务于西方联合公司。发明投票记录仪，首次取得专利。

1870 年■ 23 岁。发明普用印刷机。冬季在纽瓦克创立工厂，设计各种电气机械。

1871 年■ 24 岁。母亲去世。与玛丽·史迪威结婚。

1872 年■ 25 岁。发明二重电报机。两年后，改良发明四重电报机。

1876 年■ 29 岁。在门罗公园设立工业研究实验室。发明改良型电话。

1877 年■ 30 岁。发明留声机。

1879 年■ 32 岁。发明白炽灯，可以持续燃烧 40 个小时。

1881 年■ 34 岁。研究电气机车。将总部迁往纽约。

1884 年■ 37 岁。妻子玛丽病故。离开门罗公园。

1885 年■ 38 岁。发明无线电报。

1886 年■ 39 岁。与米娜·米勒结婚。

1887 年■ 40 岁。研究电影。研究所迁往西奥兰治。

1891 年■ 44 岁。获得“活动电影放映机”专利，开始拍摄电影。开始经营采矿事业。

1898 年■ 51 岁。采矿事业失败。开始经营水泥制造。

1909 年■ 62 岁。经过长达 10 年的研究，蓄电池终于改良成功。

1910 年■ 63 岁。发明圆盘唱片。

1912 年■ 65 岁。发明有声电影。

1917 年■ 70 岁。全力研究海军防务。

1929 年■ 82 岁。出席白炽电灯发明 50 周年庆祝会。

1931 年■ 84 岁。10 月 18 日与世长辞。